야옹, 바이러스 연구소

너 바이러스 좀 아냐옹?

글 레몬 · 그림 홍좀머 · 감수 시드니아박람회

보림

엄마, 뭐 하세요?

새로 올 고양이가 혼자 지낼 방을 준비하고 있지.

왜요? 줄리는 집 안을 자유롭게 돌아다니잖아요.

줄리를 보호하기 위해서 새로 오는 고양이를 떼어 놓으려는 거야.

야옹

새로 올 고양이가 어디 아파요?

어쩌면 그럴 수도 있지.

겉으로 드러나지 않아도, 병을 옮길 수 있거든.

사람도 마찬가지야.

그렇지 않아. 사람과 함께 지내는 고양이가 병을 옮기는 일은 아주 드물어. 게다가 혹시 옮긴다 해도, 크게 걱정할 일은 아니지.

물론 야생 동물들은 아주 심각한 병을 옮길 수도 있어.

그러니까 잘 모르는 동물한테는 가까이 다가가지 않는 게 좋아.

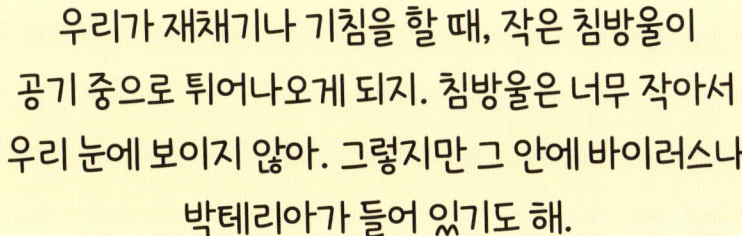

우리가 재채기나 기침을 할 때, 작은 침방울이 공기 중으로 튀어나오게 되지. 침방울은 너무 작아서 우리 눈에 보이지 않아. 그렇지만 그 안에 바이러스나 박테리아가 들어 있기도 해.

우웩, 더러워! 만약 내가 보이지 않는 그 침방울 중에 하나를 들이마시게 되면, 옮을 수도 있다는 거잖아? 어른들이 왜 항상 기침이나 재채기를 할 때 꼭 가리라는 건지 이제 알겠어.

그럼 바이러스는 뭐예요? 우리 몸에서 뭘 하는 거예요?

세포

바이러스

박테리아와 달리, 바이러스는 혼자 살 수 없어.

그래서 바이러스는 우리 몸의 세포 안에 들어가 수를 계속 늘리려 하지. 아주 많은 형제자매가 생길 때까지 말이야. 바이러스에게는 세포가 꼭 필요한 셈이야.

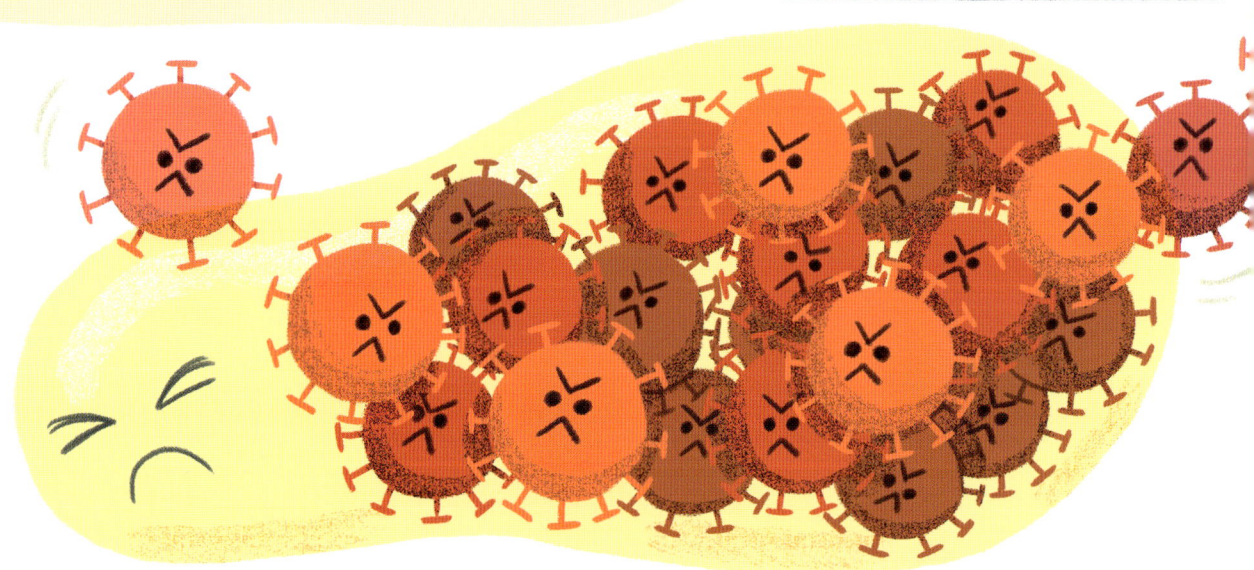

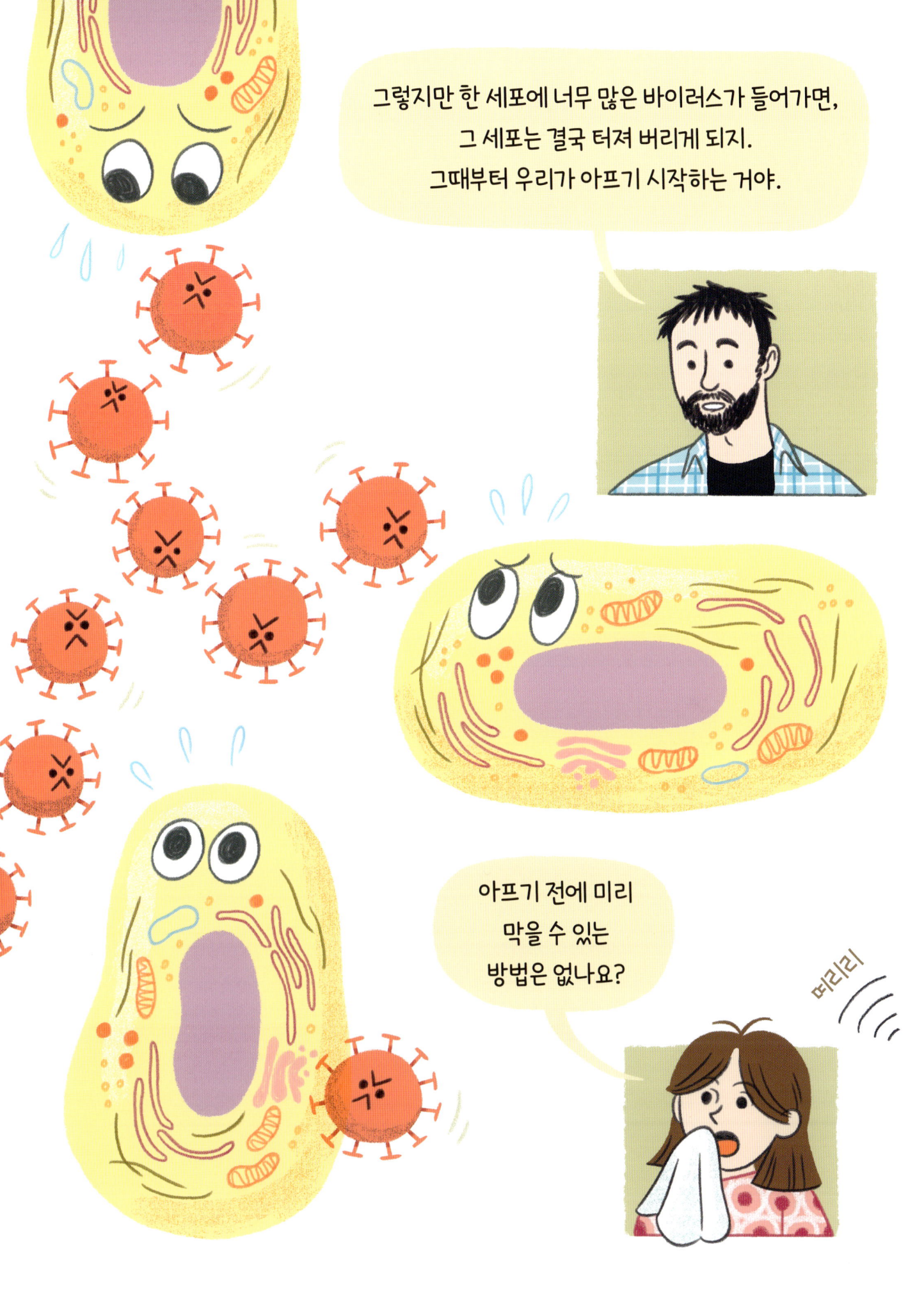

할아버지! 바이러스가 우리를 아프게 하기 전에 막을 수는 없나요?

바이러스? 막을 수 있고말고! 우리에겐 질병을 예방하는 '백신'이 있잖니.

최초의 백신은 오래전에 발명되었어. 할아버지가 태어나기도 전이었지. 전염력이 아주 강한 '천연두'라는 병을 없애기 위한 백신이었어.

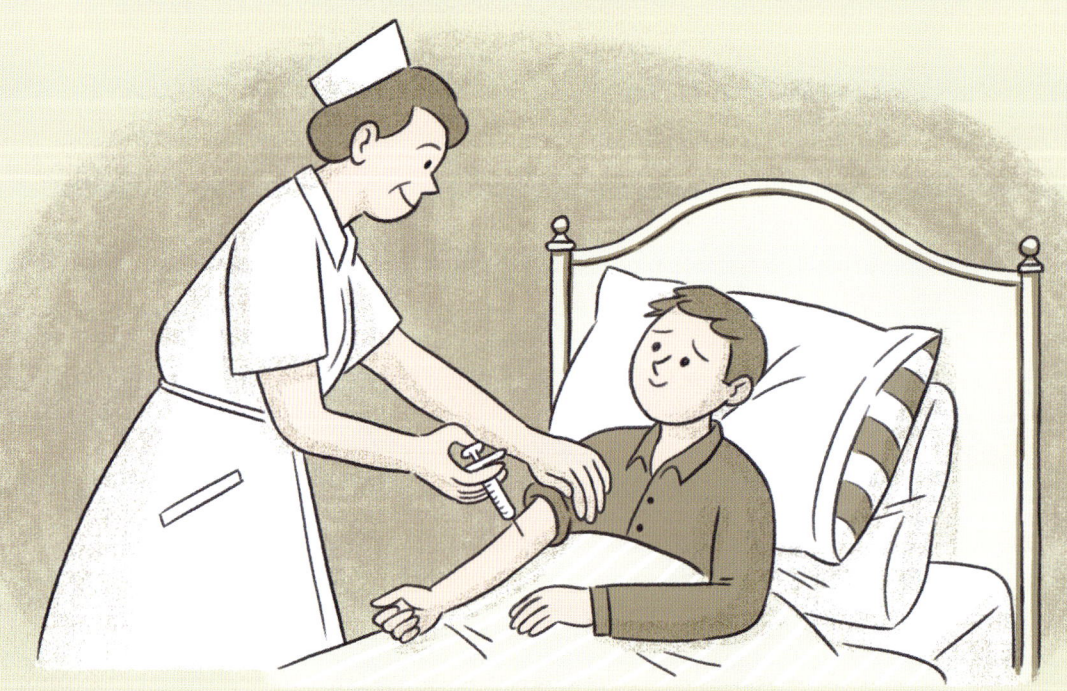

그 후 여러 과학자가 심각한 질병을 없애는 새로운 백신을 차례로 발명했단다.

백신은 약과 달리 우리 몸을 공격할 수 있는 미생물에 대한 정보를 미리 알려 주는 역할을 한단다. 우리 몸이 먼저 방어할 수 있도록 말이야.

과학자들은 박테리아나 바이러스를 사람 몸에 해를 끼치지 않도록 바꾼 다음, 백신을 만들지.

백신에 들어 있는 박테리아나 바이러스에는 우리를 아프게 할 힘이 남아 있지 않아. 그래서 우리 몸은 아프지 않으면서 충분한 정보를 얻을 수 있지. 이걸 '면역'이라고 부르는데, 면역이 생기면 전염되더라도 병에 걸리지 않게 된단다.

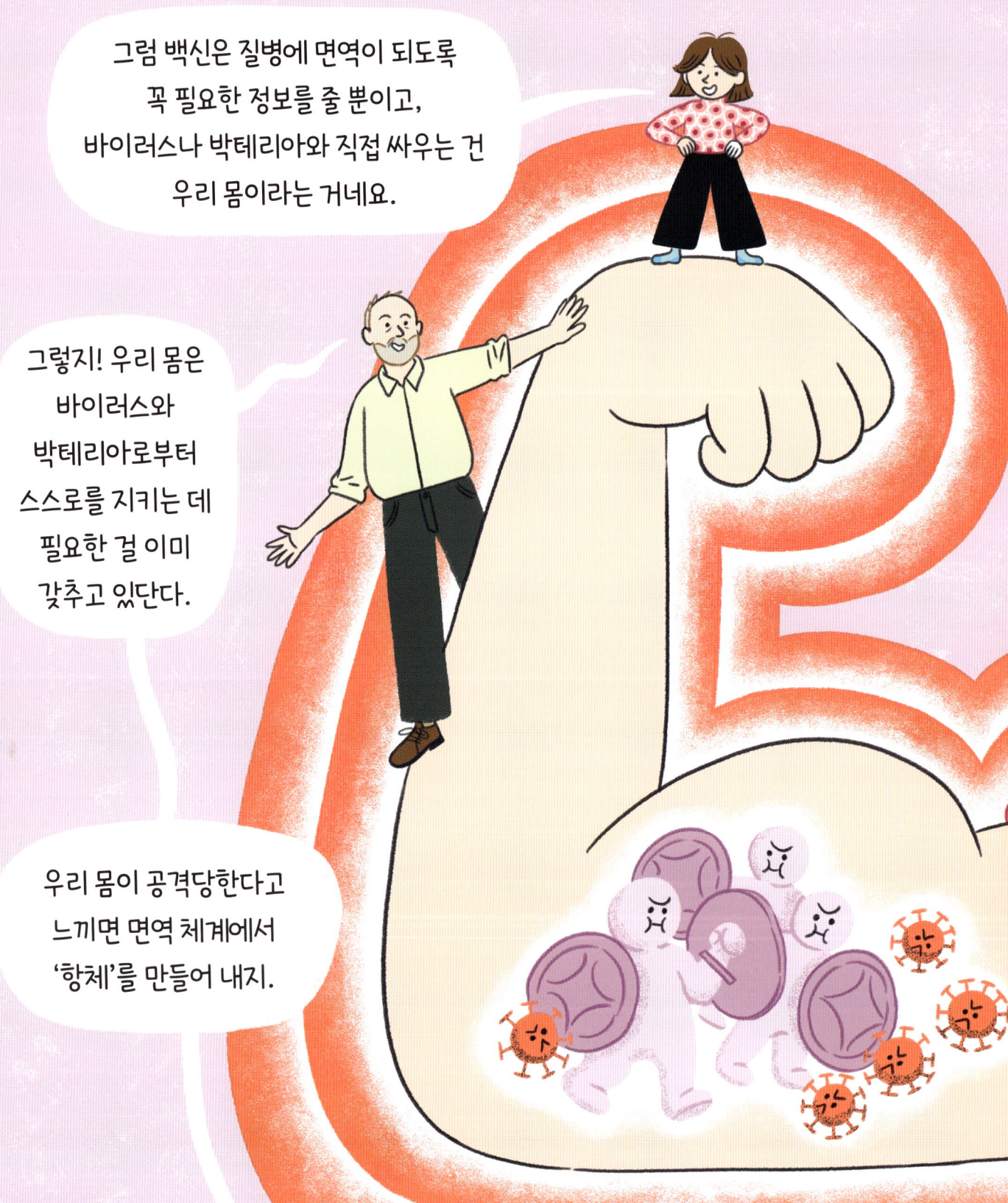

새로 올 고양이 때문에 친구 사이에 전염병이 돌 수도 있을까?

글쎄, 그렇진 않을걸. 고양이가 전염병에 걸렸다 해도, 그 병이 유행하려면 아주 많은 사람에게 옮아야 하거든.

유행병은 전염성 높은 질병이 한 도시, 아니면 같은 나라에 사는 수많은 사람들에게 아주 빠른 속도로 퍼지는 경우를 가리키니까.

학교에서 감기에 걸린 학생이 동시에 여러 명 생길 때 유행병이 돈다고 하잖아? 그럼 유행병이 계속해서 퍼지면 어떻게 될까?

유행병이 더 멀리, 다른 대륙이나 전 세계로 퍼질 수도 있어. 이걸 우리는 '팬데믹'이라고 부르지.

전 세계 모든 사람이 동시에 아프면 어떻게 해야 해?

코로나19가 그랬었지! 하지만 그런 일이 늘 일어나진 않아. 그리고 과학이 해결해 줄 거야.

대부분의 질병은 이미 알려진 경우가 많아서, 과학자들이 백신과 치료 약을 개발해 놓았거든.

알아 두면 쓸모 있는 감염병 정보

미생물

미생물은 '작은 생명체'를 의미해. 1878년, 프랑스 의사 샤를 세디요가 라틴어에서 만들어 붙인 단어야. '우리 눈에는 보이지 않지만, 우리를 아프게 할 수도 있는 살아 있는 모든 생물'을 뜻하지. 우리 몸 중에서 피부와 코, 입 그리고 장에 가장 많은 미생물이 살고 있어.

하지만 걱정할 필요는 없어. 대부분의 미생물은 우리 몸이 제대로 기능할 수 있도록 돕는 역할을 하고 있으니까.

바이러스

바이러스는 라틴어로 '독'이라는 뜻이야. 바이러스는 우리가 한 번쯤 들어본 적이 있는 많은 전염병을 일으키지. 독감, 수두, 홍역, 폐렴, 에이즈, 장염, 뇌수막염 그리고 코로나19까지.

물론 우리에게 도움이 되는 바이러스도 있어. 어떤 바이러스는 질병을 일으키는 몇몇 박테리아를 죽이기도 하거든. 이를 '박테리오파지'라고 부르지. 과학자들은 사람을 치료하는 데 쓰기 위해 박테리오파지를 점점 더 깊이 연구하고 있어.

박테리아

박테리아는 38억 년 전쯤 지구에 나타난 최초의 생물이야. 인간은 물론, 공룡보다도 훨씬 오래되었지.
그뿐만 아니라 박테리아는 세상 어느 곳에나 존재해. 흙, 물, 음식, 사람의 몸 안, 공기 중, 바다 깊은 곳, 그리고 심지어는 우주에도 있어.

감염

감염이란 우리가 병에 걸리는 방식을 가리키는 말이야. 누군가 재채기나 기침을 할 때 공기를 통해서 미생물이 다른 사람에게 옮겨 가게 돼. 이를 '직접 감염'이라고 불러. 이와 달리 두 사람이 함께 있지 않을 때 병이 전염되는 경우가 있어. 어떤 바이러스나 박테리아는 물이나 흙, 음식, 배설물 속, 그리고 물건 위에서도 살아 남을 수 있거든. 이렇게 사람이 아닌, 물건과 접촉해서 감염되는 경우를 '간접 감염'이라고 해.

미생물의 크기

미생물은 우리 눈에는 보이지 않아. 머리카락 굵기보다도 훨씬 가늘거든. 그래서 현미경, 그보다 성능이 뛰어난 전자 현미경으로 관찰해야 하는 것도 있어. 미생물들도 크기가 다 다르거든. 예를 들어 볼까? 우리 몸의 세포 하나 크기가 학교만 하다면, 박테리아는 그보다 작아서 교실만 할 거야. 바이러스는 그보다 더 작아서 학생 한 명 크기만 하다고 할 수 있지.

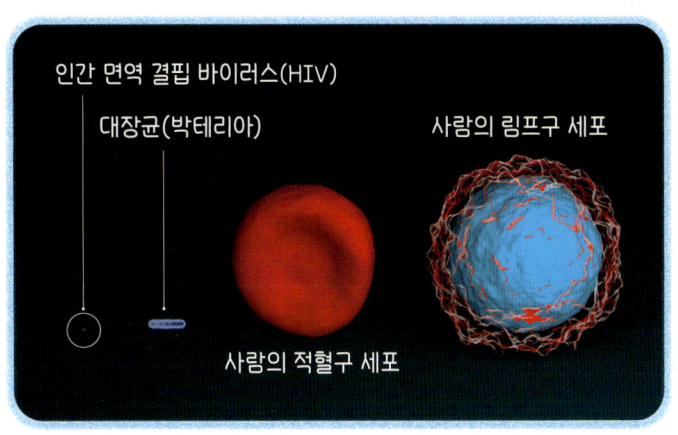

→ 왼쪽부터 차례로 바이러스, 박테리아, 사람의 세포 크기를 입체적으로 표현한 이미지예요. 미생물도 종류에 따라 크기가 무척 다양하답니다. ⓒ셔터스톡

감염병이 퍼지는 원인

① **환경 파괴** : 사람들은 쉬지 않고 산을 깎고 바다를 메워 도시를 건설해. 그 과정에서 많은 야생 동물들이 터전을 잃고 이동하게 되지. 그러다 보니 예전에 마주칠 일이 없었던 동물과 마주하게 되는 일이 늘어나게 되었어. 즉, 새로운 미생물과 접촉할 확률이 그만큼 커진 거야.

② **인구 증가** : 세계 인구는 약 80억 명에 달했지만, 지금도 빠른 속도로 늘어나고 있어. 그러다 보니 도시가 늘어나고 공장이 많아질 수밖에 없지. 늘어난 인구만큼 더 많은 물건과 식량이 필요하니까. 그 결과 공기의 질이 나빠지고 먹을 물이 부족해지는 등 환경이 오염되어 몇몇 지역에서는 사람들의 건강 상태가 나빠졌어. 덩달아 감염병이 퍼질 확률도 점점 높아지게 되었지.

③ **기후 재난** : 지구 온난화로 기후 변화가 심해지고 있어. 더운 지역은 더 더워지고, 비가 많이 오는 곳은 더욱 비가 많이 와. 그러다 보면 특정 해충이나 질병이 더 쉽게 퍼질 수 있어. 또 기후 변화를 피해 다른 지역으로 이동하는 사람 또는 동물이 새로운 질병을 퍼트리기도 해.

주의해야 할 감염병

팬데믹은 사람이 아닌 다른 동물에게서 시작된 경우가 많아. 흑사병이라고 불리는 '페스트'는 쥐 때문에 퍼졌고, 몇몇 독감은 조류나 돼지를 거쳐 사람에게 전염되었지. 달리 말하면, 사람의 건강이 동물의 건강과 긴밀하게 관련되어 있다는 말이지. 그러니 사람과 쉽게 접할 수 있는 동물의 생활 환경을 관찰하고 신경 쓰는 일은 꼭 필요해.

인수 공통 감염병

우리와 함께 지내는 반려동물이 우리에게 병을 옮기기도 해. 물거나 할퀴어서 상처가 났을 때, 또는 배설물과 접촉했을 때 반려동물의 침이나 피 속에 있는 바이러스와 박테리아가 옮을 수 있거든. 그러니까 고양이 배변용 모래를 청소하거나, 강아지 똥을 치우고 나서는 꼭 손을 깨끗이 잘 씻어야 해.
이런 전염병을 '인수 공통 감염병'이라고 불러.

항생제

1928년, 영국의 과학자인 알렉산더 플레밍이 항생제를 발견했어. 우연히 곰팡이가 주변 물질을 모두 죽인 걸 보고 곰팡이에서 천연 물질을 얻어 낸 거야. 항생제는 곧 세균을 죽이는 물질로 알려졌고, 덕분에 수많은 사람이 목숨을 건질 수 있었지! 곧 콜레라와 페스트 등 인류를 공포에 떨게 했던 전염병도 치료할 수 있게 되었어. 항생제를 본격적으로 사용한 건 채 100년도 되지 않았지만, 이젠 수백 종에 달하는 항생제가 우리 생활 속에서 사용되고 있어.

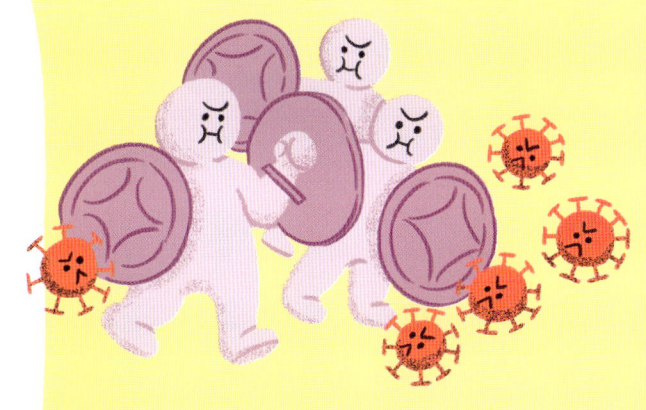

슈퍼 박테리아

과학자들은 인류가 항생제를 지나치게 많이, 그리고 자주 사용하다 보면, 모든 항생제에 내성이 생긴 엄청나게 강력한 균, 즉 '슈퍼 박테리아'가 나타날 수도 있다고 경고하고 있어. 슈퍼 박테리아는 항생제가 듣지 않으니, 치료하기 무척 힘들겠지.

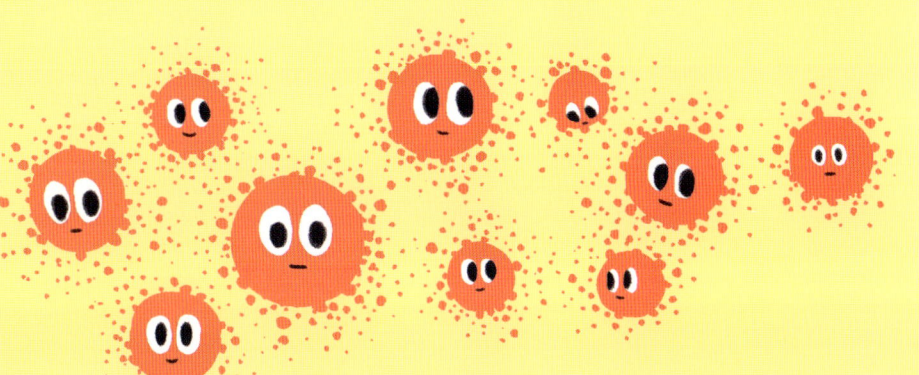

항생제 내성균

미생물은 스스로 성질을 바꾸곤 해. 이를 '변이'라고 부르는데, 바이러스나 박테리아도 마찬가지야. 그러다 보니, 어떤 미생물은 항생제에 죽지 않는 방향으로 진화하기도 하지. 이를 '내성균'이라고 불러. 병에 걸린 환자에게 세균을 죽이는 항생제를 쓰는데, 이때 항생제를 견디고 살아남는 세균이 간혹 나타나는 거야. 환자가 병이 다 낫기 전에 항생제를 마음대로 끊었을 때 주로 발생한다고 해. 이렇게 살아남은 내성균을 죽이기 위해서는 새로운 항생제, 또는 현재 활발히 연구 중인 박테리오파지가 필요하지.

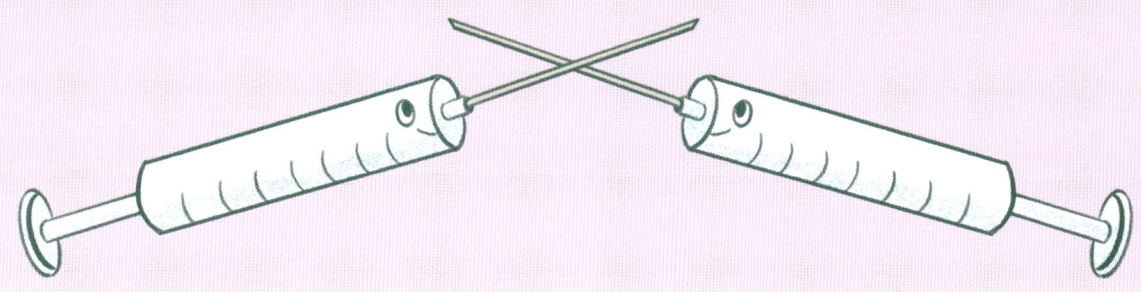

백신의 두 가지 종류

우리 몸을 보호하는 백신에는 크게 두 가지 종류가 있어. 두 가지 백신 모두 우리 몸의 면역 체계가 바이러스를 없애는 데 필요한 항체를 만들 수 있도록 도와주지. 기존 방식으로 만든 백신에는 우리 몸에 해가 없도록 약하게 만든 바이러스가 아주 조금 들어 있어. 물론 적은 양의 바이러스로도 우리 몸은 바이러스의 정체를 파악하고 거기에 대항할 항체를 충분히 만들 수 있지.

새롭게 개발된 백신은 조금 달라. 이를 'mRNA 백신'이라고 부르는데, 여기에는 질병을 무찌르는 데 필요한 항체를 만드는 방법이 들어 있어. 그러니까 백신이 바이러스와 싸워 이길 수 있는 항체의 설계도를 세포들에게 직접 배달하는 우체부 역할을 하는 셈이지.

백신의 발명

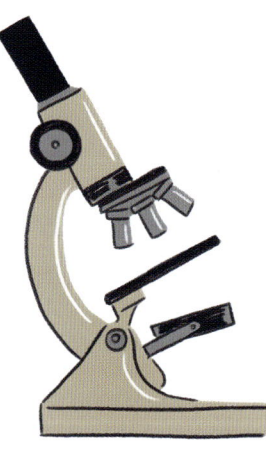

1796년, 영국의 의사인 에드워드 제너는 한번 걸리면 죽을 확률이 아주 높은 전염병인 천연두를 막을 수 있는 '백신'을 발명했어. 천연두 백신이 발명된 이후, 새로운 백신이 속속 발명되었지. 인류의 건강을 지키는 중요한 백신은 지금도 계속해서 개발되고 있어.

1885년 광견병(주로 병에 걸린 개에 물려 감염되는 전염병) 백신 발명
1921년 결핵(결핵균이 일으키는 전염병) 백신 발명
1924년 파상풍(파상풍균이 일으키는 급성 전염병) 백신 발명
1963년 홍역(홍역 바이러스가 일으키는 전염병) 백신 발명
1967년 이하선염(바이러스나 세균 등에 의해 귀밑샘에 생기는 염증) 백신 발명

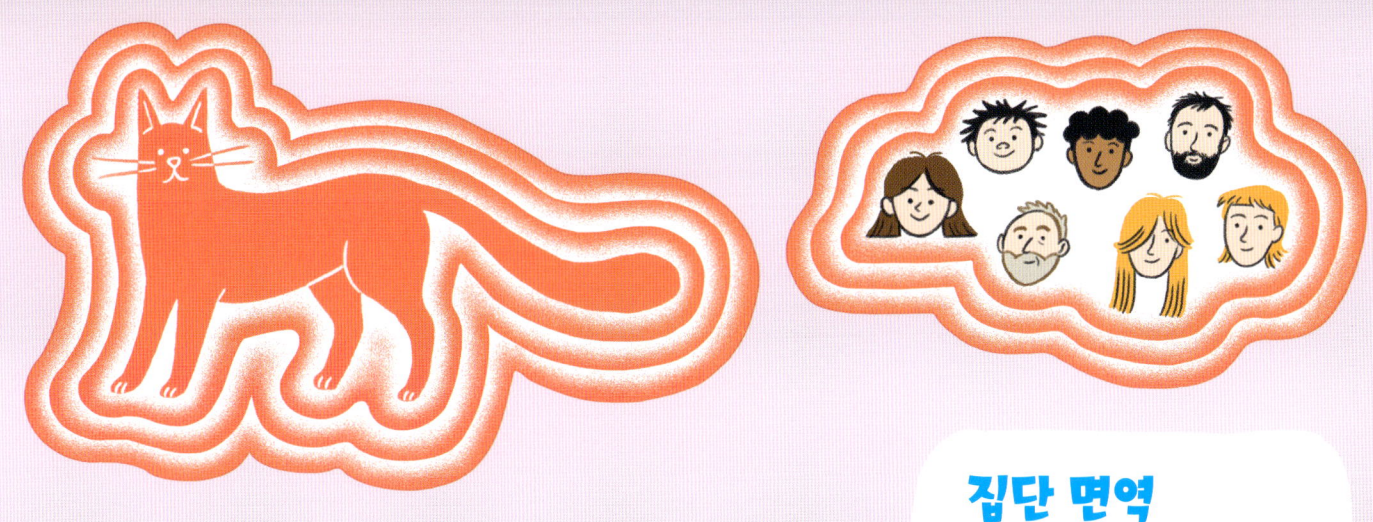

집단 면역

집단 면역이란, 전염병이 한 사람에게서 다수의 다른 사람에게 퍼지지 않을 정도로 충분히 많은 사람이 해당 질병에 면역이 되어 있는 상태를 말해. 백신을 맞는 등 질병에 면역이 된 사람들이 많아져서, 더 이상 질병이 퍼지지 않는 상황이 되었다는 뜻이야.

면역 체계

림프샘, 혈관, 백혈구 등으로 이루어진 우리 몸의 면역 체계는 외부 침입자들로부터 몸을 지키는 역할을 맡고 있어. 피부 역시 면역 체계에 속해. 몇몇 세균들이 우리 몸 안으로 들어오지 못하게 막아 주는 일을 하거든. 콧속에 있는 작은 털들도 마찬가지야! 건강에 좋지 않은 먼지를 걸러 주지.

유행병과 팬데믹

유행병과 팬데믹은 갑자기 등장한 현상이 아니야. 고대와 중세 시대에도 이에 맞서 싸워야 했지.

541년 유스티니아누스 페스트(페스트균이 일으키는 급성 전염병)
: 처음으로 알려진 팬데믹
1347년~1353년 페스트
1817년~1823년 콜레라(콜레라균이 일으키는 급성 전염병)
: 일곱 번의 콜레라 유행병 중 첫 번째
1918년~1920년 스페인 독감
: 전 세계적으로 유행한 역사상 최악의 팬데믹
1957년~1958년 아시아 독감
1981년 에이즈(AIDS)
: 1970년부터 발생했지만, 1981년에 유행병으로 선포
2019년 코로나19

코로나19 팬데믹

수많은 사람들이 흔히 '코로나19'라고 줄여서 부르는 전염병의 진짜 이름은 '코로나바이러스감염증-19(COVID-19)'야. 2019년에 코로나바이러스로 인해 발생한 질병이라는 뜻이지. 바이러스의 실제 모습이 왕관의 뾰족한 장식처럼 보이기 때문에 '코로나(왕관)'라는 이름이 붙게 되었어. 원래 코로나바이러스는 감기 증상 등을 일으키는, 우리 주변에서 흔히 볼 수 있는 바이러스 중 하나야. 그런데 2019년 12월에 변이를 일으킨 신종 코로나바이러스가 발견된 후, 빠른 속도로 전 세계에 전파되었어. 2020년 3월, 세계 보건 기구는 코로나19에 의한 팬데믹, 그러니까 전 세계적인 전염병의 유행을 선언했지. 2009년 신종 인플루엔자 팬데믹 선언 이후 십여 년 만이었어.

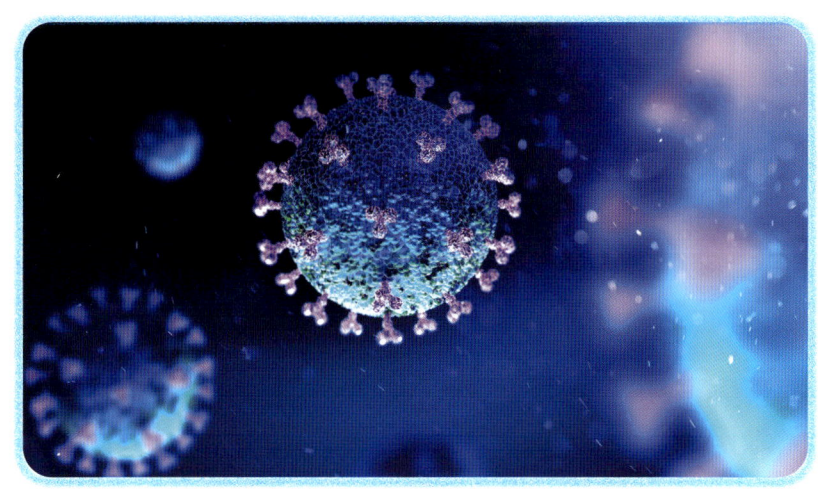
→ 코로나 바이러스를 입체적으로 표현한 이미지예요. 뾰족한 왕관 모양이 특징이지요. ⓒ셔터스톡

코로나19의 특징

코로나19에 전염되면 기침과 고열, 피로감을 겪으며 냄새와 맛도 느끼지 못하게 돼. 코로나19는 특히 노년층에게 위험하지. 세계 보건 기구의 통계에 따르면, 전 세계에서 코로나19에 감염된 사람들 중 사망에 이르는 환자가 대부분 노년층에 집중되어 있거든. 게다가 전염성이 강해서 반년 남짓한 시간 동안 1,000만 명 이상 감염되었어. 2020년 9월에는 전 세계 감염자 수가 3,000만 명을 넘어섰고, 사망자 수도 100만 명을 넘었지.

전염병에 대처하는 법

코로나19와 같은 전염병이 퍼지면, 정부 기관이나 믿을 수 있는 어른들이 알려 주는 수칙을 잘 따라야 해. 이때 꼭 지켜야 할 사항을 알아볼까?

① 소독제나 비누로 손을 깨끗이 씻는다.
② 외출할 땐 꼭 마스크를 착용한다.
③ 사람이 많은 곳에는 되도록 가지 않고, 가능하면 2미터 이상 떨어지는 거리 두기를 실행한다.
④ 필요한 백신을 제때 꼭 접종한다.

세계 보건 기구(WHO)

'세계 보건 기구'는 전 세계 사람들의 건강을 지키기 위해 조직된 국제기구야. 코로나19 팬데믹처럼 전 세계적으로 퍼지는 심각한 감염병에 대해 모든 사람에게 정확한 정보를 전달하고자 노력하지. 또 질병의 특징을 분석해 전염을 막을 수 있는 방법을 찾는 역할도 수행하고 있어.

전염병의 예방

질병을 치료하는 것도 중요하지만, 가장 필요한 건 전염병이 발생하지 않도록 예방하는 거야. 그러기 위해선 전 세계 모든 사람이 함께 힘을 모아야 해.

과학자들은 새로운 미생물과 그 전파 경로를 연구하고, 밝혀낸 지식은 모든 사람과 공유할 수 있어야 해. 새로운 질병이 출현하면 신속히 경보를 울릴 수 있는 체계도 만들어야겠지. 또 전염병에 관련된 일이라면 국경을 넘어 서로 협력할 수 있는 자세를 갖추어야만 해.

한발 더 나아가, 우리 모두 환경과 생태를 생각하며 행동하는 것도 중요하지. 나무를 더 많이 심고, 친환경 에너지를 사용하고, 야생 동물의 터전을 보호하면 전염병이 팬데믹으로 번질 확률이 훨씬 줄어들 테니까.

* 〈알아 두면 쓸모 있는 감염병 정보〉는 '세계 보건 기구'에서 제공하는 정보를 기준으로 삼았습니다.

글 레아 뒤프렌 Rhéa Dufresne

캐나다 퀘벡주에서 태어났어요. 편집장, 교사, 작가 등 여러 분야에서 활발히 활동하면서 어린이를 위해 오십여 권이 넘는 책을 썼어요. 그중 《야옹, 바이러스 연구소》는 어린이 심사위원들이 선정하는 '핵매택(Hackmatack) 도서상' 최종 후보에 올랐답니다. 우리나라에 《내 기분은 말이야》《내 시간은 말이야》 등이 소개되었어요.

그림 줄리아 사그라몰라 Giulia Sagramola

이탈리아 파브리아노에서 태어났어요. 만화가이자 일러스트레이터로 활동하고 있어요. 이탈리아와 에스파냐를 오가며 글을 쓰고 그림을 그리지요. 우리나라에 《불량한 우유 회사의 수상한 49층》《만만해 보이지만 만만하지 않은》 등이 소개되었어요.

옮김 김자연

대한민국 서울에서 태어났어요. 한국외국어대학교 통번역대학원을 졸업하고, 현재 통역가 겸 번역가로 활동 중이에요. 옮긴 책으로 《두근두근 쿵쿵, 내 마음이 들리니?》《산타클로스 이야기》《티보와 니체》《유튜버 전쟁》 외 여러 권이 있어요.

감수 마르탱 기몽 Martin Guimond

캐나다 퀘벡주에서 의학 박사 학위를 받은 뒤, 미국 국립 보건원에서 근무했어요. 지금은 캐나다 몬트리올 대학교 의학부에서 미생물학, 감염학 및 면역학과 조교수로 일하고 있답니다.

야옹, 바이러스 연구소

초판 1쇄 발행 2024년 7월 30일 | **글** 레아 뒤프렌 | **그림** 줄리아 사그라몰라 | **옮김** 김자연 | **감수** 마르탱 기몽
발행처 주식회사 보고북스 | **발행인** 최명규
출판신고 2024년 2월 1일 제2024-000024호 | **주소** (04158) 서울시 마포구 큰우물로75 성지빌딩 1401호
전화 02-6391-2510 | **팩스** 02-6391-2511 | **전자우편** cmg1478@hanmail.net
ISBN 979-11-987892-0-4 (77470)

* 책값은 뒤표지에 있습니다.
* 잘못 만들어진 책은 구입하신 곳에서 바꾸어 드립니다.

Le chat, les virus et moi
© 2023 Rhéa Dufresne, Giulia Sagramola et les Éditions Les 400 coups Montréal (Québec) Canada
All Rights Reserved.

Korean translation copyright © by Bogobooks Inc., 2024
This Korean edition published by arrangement with les Éditions Les 400 coups
through Orange Agency.

이 책의 한국어판 저작권은 오렌지 에이전시를 통해 les Éditions Les 400 coups와 독점 계약한 ㈜보고북스에 있습니다.
저작권법에 의해 한국 내에서 보호를 받는 저작물이므로 무단 전재와 무단 복제를 금합니다.

제품명 야옹, 바이러스 연구소
제조자명 주식회사 보고북스 | **제조국명** 대한민국 | **전화번호** 02-6391-2510
주소 (04158) 서울시 마포구 큰우물로75 성지빌딩 1401호
제조년월 2024년 7월 30일 | **사용연령** 4세 이상
※ KC마크는 이 제품이 공통안전기준에 적합하였음을 의미합니다.

⚠ 주 의
아이들이 모서리에 다치지 않게 주의하세요.